Quiconque n'aime point ses
frères n'est point de Dieu.

L'ÉCONOMIE DOMESTIQUE

OU

L'HOMME DE L'ART

CHEZ SOI

PAR

L'abbé R. MAGNIER

curé de Courville par Fismes (Marne)

———

RECETTES UTILES

ET

REMÈDES A BON MARCHÉ

———

PRIX :

au profit d'une œuvre de charité.

L'ÉCONOMIE DOMESTIQUE

OU

L'HOMME DE L'ART

CHEZ SOI

PAR

L'abbé R. MAGNIER

curé de Courville par Fismes (Marne)

———

RECETTES UTILES

ET

REMÈDES A BON MARCHÉ

———

PRIX :

au profit d'une œuvre de charité.

Vous, personnes de tout rang et de toute condition, toutes sujettes aux maladies.

Il vous est bon, dis-je, de savoir qu'en dehors du code, en dehors des approbations plus ou moins motivées de notre savante académie, il existe, perdu dans des coins du pays, des médicaments fort utiles et sur lesquels nous voulons appeler votre attention.

Chaque année nos ministres dépensent un argent considérable pour les missions scientifiques. Des médecins sont partis jadis pour la Russie afin d'y étudier le choléra ; d'autres s'en sont allés au fond de l'Irlande étudier la fièvre typhoïde ; d'autres encore ont affronté les chaleurs de l'Espagne pour y observer la pelagre, je n'ai jamais appris que des médecins aient parcouru la France pour y recueillir les meilleures recettes. C'est regrettable : une mission semblable serait une bonne for-

tune. *Nous avons si peu de médicaments
à la portée de toutes les bourses !*

*Mon intention est de suppléer un peu
à ces oublis en vous indiquant les recettes
populaires qui suivent.*

R. Magnier,
curé de Courville, par Fismes (Marne).

———

RECETTES ET REMÈDES

1° RHUME. *Guérison en 3 jours.*

Prenez : bonne eau-de-vie, 3 cuillerées à bouche ; sirop de capillaire, 3 cuillerées à bouche. Mêlez et versez dessus : infusion chaude de fleurs de violettes, une grande tasse. Prenez la même potion trois soirs de suite, après vous être mis au lit.

N. B. — Ce punch ne peut être donné quand il existe, avec la fièvre, de l'oppression et un point douloureux vers un côté de la poitrine, ou des crachats rouillés, sanguinolents : quand l'estomac et les intestins sont malades, qu'il y a de la douleur dans le ventre et de la diarrhée.

Dʳ MARTIN LAUZER.

2° PANARIS. *Guérison en 24 heures.*

Dès que l'ont sent au doigt les battements et la douleur, symptômes avant-coureurs du panaris, aussitôt qu'on y remarque cette rougeur qui annonce une inflammation interne, il faut se procurer de l'onguent gris (onguent napolitain ou mercuriel), et on en fait un petit cataplasme dont on entoure le doigt malade. C'est à nu qu'il faut mettre l'onguent sur le doigt.

Dʳ G. MASSÉ.

CONTRE LES MAUX BLANCS ET PANARIS.

2ᵉ *Recette.* — Quand dans un doigt, l'on ressent une douleur, un battement qui indiquent le début d'un mal blanc et même d'un panaris, on prend un œuf frais, à l'une des extrémités duquel on pratique un trou. On introduit entièrement le doigt malade dans l'œuf où on le laisse pendant toute la nuit, après avoir eu soin de bien consolider cet œuf au moyen d'un linge et d'une bande de toile qui enveloppe la main. Le lendemain matin on retire de l'œuf, qui se trouve pour ainsi dire cuit par la chaleur du mal, le doigt radicalement guéri.

3° INFLAMMATION DES YEUX. *Guérison en 2 ou 3 jours.*

Prenez : sel de cuisine, une cuillerée à bouche ; eau, un grand verre. Faites dissoudre. Instillez matin et soir quelques gouttes chaque fois. Ou encore, prenez : pour 10 centimes de sulfate de zinc, pour 5 centimes d'iris de Florence pulvérisé, pour 10 centimes de sucre candi. Mettez le tout dissoudre dans une bouteille d'eau de rivière. Humectez l'œil ou les yeux enflammés avec un linge imbibé de la préparation ci-dessus. Une fois les yeux mouillés, avoir bien soin de les fermer pendant à peu près une minute. Renouveler cette opération trois à quatre fois par jour.

4° Contre la teigne.

Prenez : du cresson de fontaine, faites-le frire, ou plutôt amortir dans une poêle avec du saindoux ; appliquez-le chaud sur la tête en forme de calotte, faites cette opération matin et soir. A chaque fois qu'on enlève le cataplasme, il faut laver fortement la tête avec de l'urine (de garçon). Inutile de dire qu'il faut auparavant couper les cheveux, le plus près possible de la peau. Il faut pendant ce traitement faire usage de la tisane dépurative. Guérison assurée au bout de quinze jours ou de trois semaines.

5° CONTRE LES LOUPES.

Mettre dans un pot de grès neuf une chopine de fort vinaigre de vin blanc, puis mettre dans le vinaigre cinq œufs frais et entiers, bien boucher le pot. Après quatre ou cinq jours le déboucher, et remuer fortement le mélange avec un petit bâton. Pour s'en servir, on imbibe dans ce liniment un linge, on le plie en quatre et on l'applique sur la loupe deux ou trois fois par jour. La suppuration s'établit sans douleur et la loupe disparaît à jamais.

6º CONTRE LES CORS AUX PIEDS.

Prenez : feuilles de lierre que vous ferez tremper vingt-quatre heures dans le plus fort vinaigre.

Appliquez tous les soirs une ou plusieurs feuilles, et appliquez-les de telle façon qu'elles enveloppent tous les doigts du pieds où sont les cors.

Serrez suffisamment pour que les feuilles restent bien appliquées toute la nuit.

Le matin, après avoir retiré les feuilles de lierre, recouvrez les mêmes parties avec des fleurs de soucis bien mondées de leur tige.

7º CONTRE LES BRULURES, LES ÉCOR-CHURES ET MEURTRISSURES.

Prenez : une poignée de fleurs de millepertuis ; jetez ces fleurs dans un vase de terre ou de faïence ; versez dessus : 200 grammes d'huile d'olive, 200 grammes d'eau-de-vie. Laissez fondre et bouchez, afin de garder pour l'usage.

On trempe dans le liquide ainsi préparé une compresse, que l'on place sur la meurtrissure, l'écorchure, la coupure ou la brûlure. Renouveler ce pansement toutes les fois que la compresse est séchée. Guérison en peu de jours.

8° Maux de gorge.

Il faut faire un emplâtre de farine de lin qu'on met sur de la toile, grand en carré de 5 à 6 centimètres, le poudrer avec de la moutarde bien broyée, et le mettre sur la nuque ; l'y laisser environ deux heures, plus ou moins, mais jusqu'à ce qu'il y ait une forte rougeur, sans cependant laisser entamer la peau.

Puis mettre fondre (gros comme une noisette) un morceau d'alun dans quatre cuillerées d'eau, et se gargariser trois à quatre fois avec cette eau, quelques instants après qu'on a ôté le sinapisme.

Se rincer la bouche avec de l'eau pure, après cette opération, si l'on veut.

Répéter pendant trois jours de suite ou quatre fois tous les deux jours.

Éviter le froid des pieds, prendre de l'exercice, ne pas craindre de transpirer et changer s'il est nécessaire.

9° GRAVELLE.

Faites bouillir un quart d'heure, dans un litre d'eau, environ une demi-once de chacune des racines suivantes : parayra brava, fraisier, chiendent, ononis ou arrête-bœuf, houx frélon, bois de douce-amère.

Après cette ébullition d'un quart d'heure, ajoutez et laissez encore bouillir cinq minutes une pincée de serpolet, de busserolle ou raisin d'ours, de fleurs ou feuilles de mauve, de lierre terrestre, de zestes de noix, de cosses ou siliques sèches de haricots.

Toutes ces racines doivent être pilées ou mincées très menues. Quand on est atteint par les coliques néphrétiques, on boit à différents intervalles de cette tisane.

Quand on se sent quelque peu incommodé par la gravelle ou qu'on remarque au fond du vase quelque sédiment rougeâtre, on prend de cette tisane pendant quelques jours de suite, de cette manière : un verre à jeun,

un second deux heures après le repas
et un troisième en se couchant. On
peut sucrer.

10° Maladies de poitrine.

Prenez : 30 gros limaçons, 4 verres
de lait, 4 onces de sucre. Faites bouillir le tout ensemble (après avoir nettoyé les limaçons) jusqu'à réduction
de moitié. Prenez un verre le matin
et un verre le soir, continuez pendant
quinze jours, vous éprouverez un
grand soulagement.

M. Vincent, pharmacien à Grenoble
(Isère), se fait fort de guérir les maladies de poitrine. Lui écrire.

L'huile de foie de morue de Berthé
et les hypophosphites de soude sont
aussi très souverains contre ces maladies

REMÈDE POUR FORTIFIER L'ESTOMAC.

Prendre 2 onces de bonne poudre de violettes dans un sachet bien piqué, et le mettre sur le creux de l'estomac. *(Extrait d'un vieux manuscrit.)*

11° DIABÈTE.

La première partie du traitement consiste à supprimer l'usage du sucre et autant que possible des aliments féculents, *pommes de terre, haricots, pâtes,* etc., etc. On donne aux malades des viandes noires grillées, des œufs, du poisson, des légumes verts et du pain de gluten qui doit remplacer complètement le pain ordinaire ; à chaque repas, le malade prendra environ deux ou trois verres à Bordeaux de vin généreux.

Trois fois par jour, on fera prendre

au malade un verre à madère environ de vin ferrugineux de Catillon à la glycérine et au quinquina. Très chargé de principes actifs, ce vin d'un goût fort agréable est un excellent remède et constitue un précieux adjuvant du régime alimentaire des glucosuriques ; nous ne saurions donc trop recommander l'usage de cet excellent reconstituant.

On donnera aussi au malade, matin et soir, une grande cuillerée à soupe de glycérine de Catillon ; cette glycérine chimiquement pure, remplace avantageusement l'huile de foie de morue ; elle diminue la désassimilation, rétablit l'appétit et les digestions et favorise la nutrition. Elle doit être prise avant le repas dans un peu d'eau rougie. Chaque jour, le malade fera une promenade au grand air ; il portera constamment sur la peau un vêtement entier de flanelle. Tous les jours, des frictions sèches seront faites sur toutes les parties du corps. Les grands bains alcalins seront pris deux fois par semaine.

12° BOUTONS ET ROUGEURS DU VI-SAGE.

1ʳᵉ *Recette*. — Prenez : eau de rose, vinaigre rosat, suc de limon, de chacun une livre ; soufre blanc, trois onces ; mêlez bien tout ensemble, et vous en imbiberez un linge que vous applique-rez sur les rougeurs. Vous continuerez plusieurs fois le jour.

2ᵉ *Recette*. — Il faut se laver matin et soir avec de l'eau de pluie dans laquelle on aura fait tremper du persil. On met un bouquet de persil dans un verre d'eau de pluie, comme si on voulait le tenir au frais. On laisse le bouquet dans le verre d'eau depuis le soir jusqu'au matin, ou depuis le matin jusqu'au soir ; et, après s'être nettoyé le visage avec de l'eau ordinaire et du savon, après s'être essuyé et avoir frictionné la peau de façon à surexciter les papilles nerveuses et à dilater les pores ou petites ouvertures de la surface cutanée, on doit passer bien doucement sur le visage, plusieurs fois de suite s'il est besoin, un vieux linge ou une éponge bien douce amplement humectée de l'eau de pluie ou le persil a trempé pendant assez longtemps.

13° PALES COULEURS.

Emploi de tous les fortifiants : ferrugineux, quinquina, amers, vin, grand air, soleil, absence de fatigue et d'excès de toutes sortes. A toutes ces bonnes choses, ajouter une purgation très régulière et très modérée.

14° Croup.

En attendant le médecin : appliquez aux deux pieds de l'enfant des cataplasmes de farine de lin, non seulement bien chauds, mais saupoudrés de farine de graines de moutarde ; administrez un lavement légèrement purgatif, par exemple du lait, dans lequel on fera entrer deux ou trois cuillerées d'huile de ricin ; par exemple, une décoction de quatre grammes de follicules de séné mondé, décoction que l'on rend plus purgative encore en y faisant dissoudre une cuillerée de gros miel. Puis, faites vomir, une solution d'émétique sera administrée par cuillerée à bouche. On en fera boire une cuillerée toutes les cinq minutes jusqu'à ce que l'enfant vomisse, mais qu'il vomisse franchement.

N.B.—La Société d'hygiène de Londres vient de rappeler que les chats contractent facilement la diphtérie (croup) et la transmettent aux enfants qui jouent avec eux. Elle relate plusieurs cas récents de contamination de chatspar des enfants atteints de croup et de transmission de cette terrible maladie à d'autres enfants par les chats contaminés.

La conclusion, c'est qu'on ne saurait prendre trop de précautions avec ces animaux si familiers et surtout qu'il faut empêcher les enfants de jouer avec les minets.

15° NÉVRALGIES.

Ire *Recette*. — Prenez : essence de térébenthine, 4 grammes ; miel 60 grammes. Remuez et battez de façon à mélanger parfaitement. On en donne une cuillerée le matin et une le soir.

2ᵉ *Recette* — Prendre : 2 cuillerées à bouche, bien pleines, de graines ou baies de genièvre que vous écraserez entre les doigts, mettre dans un litre d'eau froide que l'on retire du feu à la première ébullition, laisser pendant une heure, l'infusion se faire. Puis prendre chaud.

Autre solution : iodure de potassium, 30 grammes, ou pilules Moussettes ; eau commune, 500 grammes.

CLIN & Cⁱᵉ à Paris, 20, Place des Fossés Saint-Jacques.

16° MAUX DE DENTS.

Les maux de dents qui ne sont pas accompagnés de carie sont ordinairement de simples névralgies. Si la dent

douloureuse est cariée, le mal peut
être névralgique ou inflammatoire.

S'il s'agit de névralgie dentaire c'est
la chaleur qui soulage et on peut
se gargariser avec de l'eau chaude, ou
mieux avec une décoction de pavot et
de guimauve. Prenez : 4 grosses cap-
sules de pavot blanc brisées dans un
litre d'eau, 20 minutes d'ébullition ;
retirez le pavot cuit, faire bouillir de
la racine de guimauve dans cette eau.

Si le mal est dû à l'inflammation de
la subtance interne de la dent, le remède consiste à tenir, sans cesse, la
bouche pleine d'eau froide, qu'on re-
nouvelle jusqu'à ce que la douleur soit
calmée.

Si l'eau plus ou moins froide aug-
mente la douleur, c'est qu'il ne s'agit
pas d'inflammation, mais de névralgie.

Si la dent est creuse, on calmera

sûrement le mal en bouchant la cavité de la dent avec une boulette de coton imbibée soit d'essence de girofle, de créosote ou d'eau de Cologne. Un tampon de coton imbibé d'éther introduit dans l'oreille du côté malade soulage aussi.

17° RHUMATISMES LES PLUS INVÉTÉRÉS.

Prenez : deux gousses d'ail, une drachme (c'est-à-dire quatre grammes) de gomme ammoniaque, pilez le tout ensemble dans un mortier, arrosez avec de l'eau de fontaine, faites quatre bols de ce mélange, prenez-en un le soir et un le matin, buvez par dessus une tasse d'infusion de sassafras. (Ne prendre qu'un seul bol pour commencer).

Autre, prenez : un quart de beurre

frais et quatre cuillerées de bon vin, faites chauffer ensemble, remuez bien, puis frottez, frictionnez avec de la flanelle imbibée de cet onguent, et mettez cette flanelle réimbibée sur la place douloureuse, et vous serez soulagé.

18° ATTAQUES DE NERFS (HYSTÉRIE). — DANSE DE SAINT-GUY (CHORÉE). — TREMBLEMENT NERVEUX, PARTIEL OU GÉNÉRAL.

Prenez : camphre, 6 grammes ; assa fœtida, 6 grammes ; extrait de belladone, 2 grammes ; extrait aqueux thébaïque, 50 centigrammes ; sirop de gomme, Q. S., pour 60 pilules, une pilule le premier jour, deux le second. On peut aller jusqu'à six en 24 heures 2 au matin, à midi, au soir. Prendre 2 heures avant les repas. Cesser l'usage de la belladone s'il y a des troubles dans la vue.

18° *bis*. TOUX OPINIATRE.

Prenez : mou de veau, 100 grammes ; 3 navets, 2 oignons blancs, préalablement cuits sous la cendre, une pomme de reinette coupée en quatre, mettez dans un fort demi-litre d'eau, faites cuire à petit feu et sur le feu, laissez bouillir jusqu'à réduction d'un tiers, écumez et passez, partagez le liquide obtenu en deux portions à peu près égales, prenez l'une de ces portions le soir et l'autre le matin, au lieu de sel, sucrez avec de la poudre de sucre candi, prenez chaud ou froid.

Autre : prenez un poulet maigre ; videz-le et mettez dans son ventre, 4 navets coupés en morceaux, riz cru, une cuillerée à bouche ; fécule de salep, une cuillerée à café ; sel de cuisine, une bonne pincée ; amandes douces écrasées, 24, ficelez, mettez le tout cuire au bain-marie dans la valeur d'une chopine d'eau, laissez sur le feu environ 7 heures, passez et tenez au frais. A prendre deux fois, une tasse le matin et une tasse le soir. On doit prendre chaud.

19° GERÇURES DES LÈVRES ET DES MAINS.

Prenez : une livre de beurre frais, une demi-livre de cire vierge, une demi-chopine de bon vin rouge, faites fondre la cire et le beurre dans une casserole de faïence neuve, laissez un peu cuire, faites chauffer le vin à part dans un vase de faïence neuf aussi, puis mêlez-le avec le beurre et la cire, laissez cuire pendant un bon quart d'heure, et laissez refroidir dans la casserole, lorsque cela est bien froid, sortez-le, grattez bien le marc qui se trouve dessous le pain et l'écume qui est dessus, faites refondre, écumiez et mettez en pot.

20° CONSTIPATION.

Aristote a dit, il y a plus de deux mille ans, que l'aliment le plus pur n'est pas toujours le meilleur, et que la farine la plus saine est celle qui contient une certaine quantité de son.

Or, il est reconnu qu'il suffit de faire entrer une certaine quantité de son dans le pain des individus habituellement constipés pour faire cesser chez eux cette infirmité.

WARREN,
Président de la société médicale de Boston.

Prenez : crème de tartre soluble, 30 grammes ; émétique, 2 centigrammes ; sucre, soixante grammes ; eau, 1 000 grammes, faites fondre la crème de tartre dans l'eau, ajoutez le sucre et l'émétique.

La dose est de deux ou trois tasses chaque matin pour entretenir la liberté du ventre.

CORVISART,
1er médecin de Napoléon.

21° INSOMNIE.

L'insomnie est une des infirmités les plus fatigantes. C'est elle qui a inspiré le vers :

Oh ! que la nuit est longue à la douleur qui veille.

Eh bien ! selon le *Cosmos,* voici deux moyens de vaincre cette insomnie, soit qu'elle ait pour cause un trouble cérébral quelconque, ou qu'elle vienne d'un état douloureux.

On prend une serviette, on la trempe dans l'eau froide, puis on l'applique sur la nuque, à l'origine de la colonne vertébrale et 'on la conduit doucement jusqu'à l'oreille en recommençant plusieurs fois la même opération. L'effet est rapide, les nerfs se calment, le cerveau est rafraîchi, et le sommeil vient plus rapidement qu'en employant les narcotiques connus.

Le Dr Lusanna a imaginé à ce procédé une variante qui le rend plus commode à pratiquer. Il met sur les yeux fermés un linge trempé dans de l'eau tiède ou même chaude et obtient le même résultat.

On le voit, le remède est d'une simplicité toute primitive ; c'est peut-être pour cela qu'on ne l'emploiera pas.

En tout cas, c'est à essayer, après tant de moyens qui n'ont pas réussi.

22° Gale.

1er *remède*. — Soufre sublimé, poudre de chasse très fine, de chaque sorte 8 grammes ; huile d'olive, 40 grammes, un jaune d'œuf.

2e *remède*. — Poudre de chasse, 100 grammes ; soufre, 100 grammes ; huile, quantité suffisante pour faire un magna solide, mêlez avec soin, mettez dans un vase fermé, faites chauffer au bain-marie pendant 2 heures ; broyez le mélange, qui est devenu compact et résistant, versez le tout dans : huile ordinaire, 500 grammes, la dose est de 150 grammes pour chaque friction.

3e *remède*. — Soufre en poudre très fine ; savon noir, de chaque

120 grammes; saindoux, 360 grammes; racine d'ellébore pulvérisée, 30 grammes, mêlez, avec cette pommade, on se frotte tout le corps, principalement, aux articulations, de 6 heures en 6 heures. Le malade reste couché entre deux couvertures de laine.

23° CHOLÉRA.

Le Dr Roux assure, après de nombreuses recherches, que les radicelles de malt peuvent être employées dans le traitement du choléra, soit en boissons, soit en lavements.

Voici comment il conseille de les administrer à l'extérieur : « Faire bouillir pendant quelques minutes, 50 grammes de radicelles bien sèches dans un litre d'eau, filtrer une ou deux fois et sucrer, avec un sirop quelconque si la préparation doit être prise en boisson ; s'en servir telle quelle, si elle doit être administrée en lavements.

Les infusions doivent être prises par tasse, de quart d'heure en quart d'heure.

Un journal de Tours indique aussi ce remède :

Dès que l'on est atteint de diarrhée, faire roussir dans du beurre deux ou trois oignons d'ail étendus sur un demi-litre d'eau. On fait avec ce bouillon une soupe au pain que l'on mange en la poivrant fortement. Aussitôt après avoir mangé cette soupe, on fait bouillir dans un quart de litre de vin rouge, gros comme une noix d'anis étoilé, on sucre fortement cette infusion et on la prend très chaude, puis on se couche chaudement.

Après deux heures au plus, le malade est débarrassé et, à moins de nouvelle imprudence, il est guéri.

24° RAGE.

Dès que l'on est mordu par un chien, laver la plaie et les parties voisines avec du lait de vache bouillant, au moins pendant neuf jours. Pendant neuf jours aussi prendre chaque matin, à jeûn, un verre tiède de la potion suivante : racine d'angélique en poudre, 30 grammes ; racine de gentiane en poudre, 30 grammes ; thériaque fine de Venise, 30 grammes ; assa fœtida bien écrasé, 15 grammes ; racine d'églantier effilée, 40 grammes ; scorsonère, racine sans ratisser, 40 grammes ; rhue, tiges fraîches, demi-poignée ; sauge coupée bien menue, autant ; sel marin, 20 grammes ; une tête d'ail écrasée ; trois têtes de

poireaux avec leur barbe ; deux petits
oignons ; une bonne pincée de paque-
rettes, faire bouillir le tout avec 3 litres
de bon vin rouge dans un pot neuf
bouché, jusqu'à réduction de moitié,
le passer par un linge avec expression,
conservez pour 9 jours en bouteilles
bouchées.

ART VÉTÉRINAIRE

REMÈDES POUR PRÉSERVER LES BÊTES
A CORNES DE L'ÉPIZOOTIE.

Faites infuser, dans un pot de terre très couvert, quatre litres de fort vinaigre blanc avec de la sauge, de l'absinthe et de la lavande, de chacun une poignée. Au bout de quatre heures, ajoutez deux onces de cendre d'absinthe ; laissez infuser pendant 4 jours ; après ce temps, passez à travers une flanelle fine et ajoutez deux gros de camphre. Le matin et le soir, lavez les naseaux et le museau de vos bestiaux avec ce liquide étendu d'une quantité égale d'eau ; ce sera le meilleur préservatif contre l'épizootie.

Remèdes pour les coliques des chevaux et bêtes a cornes.

Dès que l'animal semble atteint de coliques, faites tremper un grand sac ou une pièce de toile de même dimension dans de l'eau bouillante ; appliquez la toile toute imprégnée de cette eau bien chaude, le long des reins et de l'aine, et recouvrez d'une couverture double en laine ; maintenez l'animal malade dans un lieu chaud et bien fermé. Après six ou sept minutes il urinera ; ce sera le signal de la guérison.

Moyens pour accélérer l'engraissement des porcs, des bœufs et autres bestiaux.

Prenez du plâtre bien pulvérisé plein une cuiller à soupe, et mélangez-le dans celui des aliments qui plaît le plus à vos bestiaux. Le mieux, pour les porcs, est de le mêler avec des pommes de terre préparées comme de coutume. Si les porcs que l'on veut engraisser n'avaient pas atteint dix-huit mois, il faudrait mettre la dose moindre.

L'emploi du plâtre excite la soif et l'appétit des bestiaux et facilite la digestion. Ce moyen devra surtout être employé quand les bêtes que l'on veut engraisser perdent l'appétit ; s'il devenait insuffisant, l'on purgerait l'animal avec un bol composé d'un gros de calomélas, deux gros d'aloès en poudre, un gros de jalap, deux gros d'huile d'amandes douces, et une quantité suffisante de sirop de nerprunt pour lier le tout.

RECETTES UTILES

Moyen d'empêcher le bris des verres de lampe.

Ce moyen est fort simple ; il consiste à faire pratiquer par un vitrier, avec la pointe de diamant, une légère fente à la base du tube. D'autres conseillent de mener cette fente du haut en bas. Dans tous les cas, le procédé paraît infaillible, et l'on peut exposer les verres ainsi fendus à des températures très élevées sans crainte de les voir éclater.

Pour enlever a l'argenterie la couleur noiratre.

On sait que les œufs noircissent l'argenterie. Les couverts se trouvent avoir un aspect peu propre que l'on enlèvera à l'instant en frottant l'argenterie ou le métal argenté avec de la suie. Cette teinte désagréable disparaîtra à l'instant. Rincez à l'eau chaude.

POUR FIXER UN DESSIN A LA MINE DE PLOMB.

Prenez du lait bien pur, arrosez-en doucement le dessin, faites égoutter et laissez sécher, le crayon ne s'effacera plus.

COMMENT ENLEVER LA MAUVAISE ODEUR D'UNE CHAMBRE NOUVELLEMENT PEINTE.

Mettez au milieu de la chambre un vase plein de charbon allumé, et jetez dessus deux ou trois poignées de grains de genièvre, fermez les fenêtres, bouchez la cheminée et les fentes de la porte. On peut ouvrir la porte 24 heures après. La fumée de genièvre a cet avantage de ne rien détériorer dans la chambre, ni les tapisseries, ni les meubles.

TACHES DE FRUIT SUR LE LINGE.

Frottez de chaque côté avec du savon noir, liez dans le linge un morceau de potasse, trempez bien dans l'eau chaude ou faites bouillir. Exposez ensuite la partie tachée au soleil et à l'air jusqu'à ce que les taches aient disparu.

COMMENT ON DÉROUGIT UNE FUTAILLE

Pour dérougir une futaille, ayant contenu du vin rouge, afin d'y loger ensuite d'autres liquides sans les exposer à être colorés, faire dissoudre 3 kilos de soude dans 20 litres d'eau bouillante et verser le tout dans la futaille à traiter. On bonde, on agite dans tous les sens, on roule et on retourne le fût alternativement sur chaque fond, de manière que toutes les parties du bois soient successivement attaquées par la solution.

On laisse séjourner cette eau pendant quelques heures, en agitant de temps à autre ; après quoi, on laisse écouler l'eau de soude, on rince à l'eau chaude, puis à l'eau froide, jusqu'à ce que cette dernière sorte de la barrique parfaitement claire.

SAUMURE LIQUIDE.

Danger de son emploi. La saumure, résidu liquide de la salaison des viandes et du poisson est souvent employée dans les campagnes en guise de sel de cuisine. Un chimiste, M. Reynal, après plus de cent expériences sur des animaux domestiques, est arrivé à ces conclusions.

La saumure, trois ou quatre mois après sa séparation, devient toxique ; un ou deux décilitres mélangés dans les aliments tuent un chien de moyenne taille. Il faut remarquer ici que le sel non dissous qui se trouve avec la saumure n'est point malfaisant. La portion liquide est seule vénéneuse.

Il est donc prudent de ne jamais faire usage de saumure liquide pour la préparation des aliments.

Moyen de défroisser la tapisserie.

Presque toujours la tapisserie que l'on fait sur le doigt, au lieu de la tendre sur un métier, est froissée et perd cet aspect de fraîcheur que les dames lui voudraient conserver.

Pour remédier à cet inconvénient, lorsqu'on a fini un ouvrage il faut le mouiller à l'envers avec de l'eau légèrement gommée et contenant un peu d'alun : on repasse alors avec un fer chaud et la tapisserie est en aussi bon état que si elle avait été faite sur le métier.

MOYEN DE CONSERVER LE TABAC FRAIS.

Mettez dans la tabatière un petit tronçon de laitue ; le tabac ne perdra rien de sa qualité, et il se conservera frais.

POUR EMPÊCHER LE LAIT D'AIGRIR.

Mettre une cuillerée de raifort sauvage dans une terrine de lait ; ce lait conservera sa douceur pendant plusieurs jours, soit qu'il reste exposé à l'air, soit qu'on le tienne dans un cellier.

DESTRUCTION DES RATS.

Les rats sont très friands de beurre, de lard rôti, de fruits sucrés, ce sont les meilleurs appâts.

Le poison est le moyen le plus expéditif pour détruire les rats ; mais il offre l'inconvénient de permettre à ces animaux d'aller mourir dans leurs trous et d'infecter l'habitation. L'arsenic et la strychnine sont les poisons qui donnent les meilleurs résultats, mais leur usage est dangereux, ce sont cependant, croyons-nous, ceux qu'emploient les praticiens dont vous me parlez. Voici comment on prépare ces appâts empoisonnés :

On fait fondre dans 20 parties d'eau une partie de phosphore, ou de strychnine, on ajoute successivement 20 parties de farine, 25 de suif ou de beurre, 10 d'huile et 15 de sucre. On étend cette graisse sur des tranches de poires ou sur un morceau de lard grillé à la chandelle.

Un moyen moins dangereux consiste à mettre à la portée des rats, dans une assiette, un mélange de farine et de chaux vive en poudre. On place à côté de cette assiette, une autre pleine d'eau. Les rats après avoir mangé la chaux viennent boire pour se désaltérer et meurent rapidement.

CONTRE LES PLACARDS HUMIDES.

On sait combien il est désagréable d'avoir des placards humides : pour peu que l'on reste quelque temps sans les ouvrir, les objets qui y sont renfermés sont vite détériorés. Voici un moyen bien simple d'obvier à cette humidité : il suffit de placer sur les rayons du placard, des vases contenant de l'acide sulfurique.

L'humidité est absorbée, au fur et à mesure qu'elle se produit, par ce liquide qu'il importe de manier avec toutes les précautions désirables.

Mèches de lampe.

Voulez-vous rendre plus brillante la lumière de votre lampe, sans pourtant augmenter d'un *iota* la consommation du combustible ? Ne vous servez que de mèches que vous aurez fait tremper dans du vinaigre jusqu'à complète saturation et sécher ensuite jusqu'à ce qu'elles ne conservent plus de trace d'humidité.

Cette observation s'applique à toutes les lampes qu'elles soient à l'huile végétale ou à l'esprit de vin, etc.

Moyen de détruire les mouches.

Vous mettez dans un verre à boire, jusqu'à moitié de sa hauteur, une très forte eau de savon ; vous taillez une tranche de mie de pain de l'épaisseur de deux centimètres environ, de telle façon qu'elle forme un bouchon au verre ; vous pratiquez au milieu de cette tranche un petit trou formé en entonnoir en dessus et en dessous, de façon que l'ouverture au centre des deux entonnoirs ait à peu près un centimètre ; vous garnissez un des côtés de cette tranche de pain, de confiture, de miel ou de toute autre chose qui attire les mouches ; bientôt, attirées dans le verre par la petite ouverture pratiquée sous la tranche de pain, elles y seront asphyxiées en un instant.

Destruction des fourmis.

Intérieur : Mettre de l'eau de pruneaux dans un compotier à bords renversés et placer dans une armoire.

Extérieur : Placez un pot à fleurs vide dans une position renversée, sur l'ouverture de la fourmilière. Ces insectes s'y établiront comme des abeilles dans une ruche. Enlevez la fourmilière avec une bêche après avoir retiré le pot. Opérez plusieurs fois.

Moyen de se maintenir les pieds chauds en voyage.

Saupoudrer intérieurement la semelle des bas avec de la farine de moutarde.

L'irritation (sans danger aucun pour la santé) qu'elle provoque et entretient à la plante des pieds, suffit pour y appeler et maintenir la chaleur.

Pour conserver les roses fraiches et les retrouver en hiver.

Quand fleurissent les dernières roses des quatre saisons, ou toutes autres roses remontantes, coupez les boutons au moment où ils vont s'épanouir, cachetez la queue avec de la cire, enfermez ensuite chaque bouton de rose dans un cornet de papier épais, assez large pour que la fleur ne touche pas ; collez le tour du cornet pour que l'air ne puisse y pénétrer, suspendez les boutons par la queue dans une armoire, s'ils peuvent être isolés cela n'en sera que mieux. Quand viendra, dans l'hiver, le moment de vous parer de vos roses, défaites le cornet, coupez le bout qui a été cacheté, brûlez ensuite l'extrémité de

la queue, placez la fleur dans de l'eau
bien chaude, et au bout de deux heures
vous aurez une charmante rose toute
nouvellement épanouie.

FIN

L'imprimeur-gérant : GANNEREAU

Imp. spéciale, 16, route de Clamart, Vanves.

TABLE

Art vétérinaire.

Recettes utiles.

Imp. Francisc. Miss., Vanves près Paris.